This Book Belongs To

_____

_____

PHOTO / SKETCH

LOCATION

LOCATION NAME

GPS COORDINATES

WEATHER CONDITIONS

MONTH SPOTTED

	J	F	M	A	M	J	J	A	S	O	N	D

HEAD

SPECIES

SEX / AGE

BEHAVIOR

VOICE

BODY

LEGS / FEET

HABITAT

ADDITIONAL NOTES

PHOTO / SKETCH

LOCATION

LOCATION NAME _____

GPS COORDINATES _____

HEAD

SPECIES _____

SEX / AGE _____

BEHAVIOR _____

VOICE _____

BODY _____

LEGS / FEET _____

HABITAT _____

WEATHER CONDITIONS

ADDITIONAL NOTES _____

_____

_____

_____

_____

_____

MONTH SPOTTED

J	F	M	A	M	J	J	A	S	O	N	D

PHOTO / SKETCH

LOCATION

LOCATION NAME _____

GPS COORDINATES _____

HEAD

SPECIES _____

SEX / AGE _____

BEHAVIOR _____

VOICE _____

BODY _____

LEGS / FEET _____

HABITAT _____

WEATHER CONDITIONS

ADDITIONAL NOTES _____

_____

_____

_____

_____

_____

MONTH SPOTTED

J	F	M	A	M	J	J	A	S	O	N	D

PHOTO / SKETCH

LOCATION

LOCATION NAME _____

GPS COORDINATES _____

HEAD

SPECIES _____

SEX / AGE _____

BEHAVIOR _____

VOICE _____

BODY _____

LEGS / FEET _____

HABITAT _____

WEATHER CONDITIONS

ADDITIONAL NOTES _____

_____

_____

_____

_____

_____

MONTH SPOTTED

J	F	M	A	M	J	J	A	S	O	N	D

PHOTO / SKETCH

LOCATION

LOCATION NAME

GPS COORDINATES

HEAD

SPECIES

SEX / AGE

BEHAVIOR

VOICE

BODY

LEGS / FEET

HABITAT

WEATHER CONDITIONS

ADDITIONAL NOTES

MONTH SPOTTED

	J	F	M	A	M	J	J	A	S	O	N	D

PHOTO / SKETCH

LOCATION

LOCATION NAME ------------------------------------

GPS COORDINATES ------------------------------------

WEATHER CONDITIONS

MONTH SPOTTED

J	F	M	A	M	J	J	A	S	O	N	D

HEAD

SPECIES ------------------------------------

SEX / AGE ------------------------------------

BEHAVIOR ------------------------------------

VOICE ------------------------------------

BODY ------------------------------------

LEGS / FEET ------------------------------------

HABITAT ------------------------------------

ADDITIONAL NOTES ------------------------------------

PHOTO / SKETCH

LOCATION

LOCATION NAME

GPS COORDINATES

WEATHER CONDITIONS

MONTH SPOTTED

	J	F	M	A	M	J	J	A	S	O	N	D

HEAD

SPECIES

SEX / AGE

BEHAVIOR

VOICE

BODY

LEGS / FEET

HABITAT

ADDITIONAL NOTES

PHOTO / SKETCH

LOCATION

LOCATION NAME

GPS COORDINATES

HEAD

SPECIES

SEX / AGE

BEHAVIOR

VOICE

BODY

LEGS / FEET

HABITAT

WEATHER CONDITIONS

ADDITIONAL NOTES

MONTH SPOTTED

J	F	M	A	M	J	J	A	S	O	N	D

PHOTO / SKETCH

LOCATION

LOCATION NAME _____

GPS COORDINATES _____

HEAD

SPECIES _____

SEX / AGE _____

BEHAVIOR _____

VOICE _____

BODY _____

LEGS / FEET _____

HABITAT _____

WEATHER CONDITIONS

ADDITIONAL NOTES _____

_____

_____

_____

_____

_____

MONTH SPOTTED

	J	F	M	A	M	J	J	A	S	O	N	D

PHOTO / SKETCH

LOCATION

LOCATION NAME ---------------------------------

GPS COORDINATES ---------------------------------

HEAD

SPECIES ---------------------------------------

SEX / AGE -------------------------------------

BEHAVIOR --------------------------------------

VOICE --

BODY ---

LEGS / FEET -----------------------------------

HABITAT --------------------------------------

WEATHER CONDITIONS

ADDITIONAL NOTES ----------------------------

MONTH SPOTTED

J	F	M	A	M	J	J	A	S	O	N	D

PHOTO / SKETCH

LOCATION

LOCATION NAME _____

GPS COORDINATES _____

WEATHER CONDITIONS

MONTH SPOTTED

J	F	M	A	M	J	J	A	S	O	N	D

HEAD

SPECIES _____

SEX / AGE _____

BEHAVIOR _____

VOICE _____

BODY _____

LEGS / FEET _____

HABITAT _____

ADDITIONAL NOTES _____

_____

_____

_____

_____

_____

PHOTO / SKETCH

LOCATION

LOCATION NAME _____

GPS COORDINATES _____

HEAD

SPECIES _____

SEX / AGE _____

BEHAVIOR _____

VOICE _____

BODY _____

LEGS / FEET _____

HABITAT _____

WEATHER CONDITIONS

ADDITIONAL NOTES _____

_____

_____

_____

_____

_____

MONTH SPOTTED

J	F	M	A	M	J	J	A	S	O	N	D

PHOTO / SKETCH

LOCATION

LOCATION NAME

GPS COORDINATES

WEATHER CONDITIONS

MONTH SPOTTED

	J	F	M	A	M	J	J	A	S	O	N	D

HEAD

SPECIES

SEX / AGE

BEHAVIOR

VOICE

BODY

LEGS / FEET

HABITAT

ADDITIONAL NOTES

PHOTO / SKETCH

LOCATION

LOCATION NAME _____

GPS COORDINATES _____

HEAD

SPECIES _____

SEX / AGE _____

BEHAVIOR _____

VOICE _____

BODY _____

LEGS / FEET _____

HABITAT _____

WEATHER CONDITIONS

ADDITIONAL NOTES _____

_____

_____

_____

MONTH SPOTTED

J	F	M	A	M	J	J	A	S	O	N	D

PHOTO / SKETCH

LOCATION

LOCATION NAME _____

GPS COORDINATES _____

HEAD

SPECIES _____

SEX / AGE _____

BEHAVIOR _____

VOICE _____

BODY _____

LEGS / FEET _____

HABITAT _____

WEATHER CONDITIONS

ADDITIONAL NOTES

_____

_____

_____

_____

MONTH SPOTTED

J	F	M	A	M	J	J	A	S	O	N	D

PHOTO / SKETCH

LOCATION

HEAD

SPECIES ----------------------------------

SEX / AGE ----------------------------------

BEHAVIOR ----------------------------------

VOICE ----------------------------------

LOCATION NAME ----------------------------------

BODY ----------------------------------

GPS COORDINATES ----------------------------------

LEGS / FEET ----------------------------------

HABITAT ----------------------------------

WEATHER CONDITIONS

ADDITIONAL NOTES ----------------------------------

MONTH SPOTTED

J	F	M	A	M	J	J	A	S	O	N	D

PHOTO / SKETCH

LOCATION

LOCATION NAME _____

GPS COORDINATES _____

WEATHER CONDITIONS

MONTH SPOTTED

	J	F	M	A	M	J	J	A	S	O	N	D

HEAD

SPECIES _____

SEX / AGE _____

BEHAVIOR _____

VOICE _____

BODY _____

LEGS / FEET _____

HABITAT _____

ADDITIONAL NOTES _____

_____

_____

_____

_____

_____

PHOTO / SKETCH

LOCATION

LOCATION NAME

GPS COORDINATES

WEATHER CONDITIONS

MONTH SPOTTED

	J	F	M	A	M	J	J	A	S	O	N	D

HEAD

SPECIES

SEX / AGE

BEHAVIOR

VOICE

BODY

LEGS / FEET

HABITAT

ADDITIONAL NOTES

PHOTO / SKETCH

LOCATION

LOCATION NAME _____

GPS COORDINATES _____

WEATHER CONDITIONS

MONTH SPOTTED

	J	F	M	A	M	J	J	A	S	O	N	D

HEAD

SPECIES _____

SEX / AGE _____

BEHAVIOR _____

VOICE _____

BODY _____

LEGS / FEET _____

HABITAT _____

ADDITIONAL NOTES _____

PHOTO / SKETCH

LOCATION

LOCATION NAME _____

GPS COORDINATES _____

HEAD

SPECIES _____

SEX / AGE _____

BEHAVIOR _____

VOICE _____

BODY _____

LEGS / FEET _____

HABITAT _____

WEATHER CONDITIONS

ADDITIONAL NOTES _____

_____

_____

_____

_____

_____

MONTH SPOTTED

J	F	M	A	M	J	J	A	S	O	N	D

PHOTO / SKETCH

LOCATION

LOCATION NAME _

GPS COORDINATES _

WEATHER CONDITIONS

MONTH SPOTTED

	J	F	M	A	M	J	J	A	S	O	N	D

HEAD

SPECIES _

SEX / AGE _

BEHAVIOR _

VOICE _

BODY _

LEGS / FEET _

HABITAT _

ADDITIONAL NOTES _

_ _

_ _

_ _

_ _

_ _

PHOTO / SKETCH

LOCATION

LOCATION NAME _____

GPS COORDINATES _____

WEATHER CONDITIONS

MONTH SPOTTED

J	F	M	A	M	J	J	A	S	O	N	D

HEAD

SPECIES _____

SEX / AGE _____

BEHAVIOR _____

VOICE _____

BODY _____

LEGS / FEET _____

HABITAT _____

ADDITIONAL NOTES _____

_____

_____

_____

_____

_____

PHOTO / SKETCH

LOCATION

LOCATION NAME

GPS COORDINATES

WEATHER CONDITIONS

MONTH SPOTTED

	J	F	M	A	M	J	J	A	S	O	N	D

HEAD

SPECIES

SEX / AGE

BEHAVIOR

VOICE

BODY

LEGS / FEET

HABITAT

ADDITIONAL NOTES

PHOTO / SKETCH

LOCATION

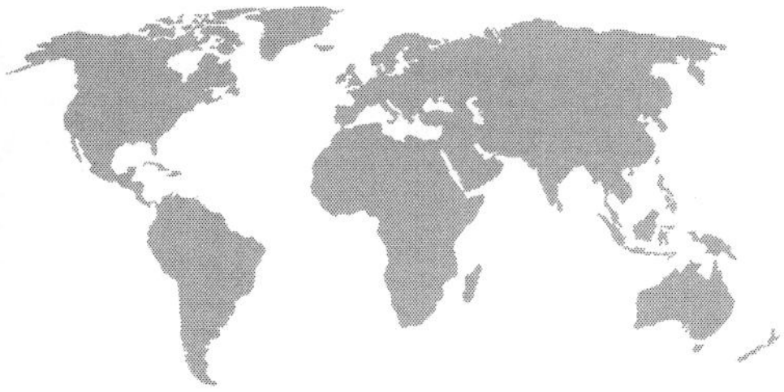

LOCATION NAME

GPS COORDINATES

HEAD

SPECIES

SEX / AGE

BEHAVIOR

VOICE

BODY

LEGS / FEET

HABITAT

WEATHER CONDITIONS

ADDITIONAL NOTES

MONTH SPOTTED

J	F	M	A	M	J	J	A	S	O	N	D

PHOTO / SKETCH

LOCATION

LOCATION NAME

GPS COORDINATES

WEATHER CONDITIONS

MONTH SPOTTED

J	F	M	A	M	J	J	A	S	O	N	D

HEAD

SPECIES

SEX / AGE

BEHAVIOR

VOICE

BODY

LEGS / FEET

HABITAT

ADDITIONAL NOTES

PHOTO / SKETCH

LOCATION

HEAD

SPECIES ----------------------------------

SEX / AGE --------------------------------

BEHAVIOR --------------------------------

VOICE ------------------------------------

LOCATION NAME ------------------------------

BODY -------------------------------------

GPS COORDINATES ---------------------------

LEGS / FEET ------------------------------

HABITAT ----------------------------------

WEATHER CONDITIONS

ADDITIONAL NOTES ------------------------

MONTH SPOTTED

J	F	M	A	M	J	J	A	S	O	N	D

PHOTO / SKETCH

LOCATION

LOCATION NAME _____

GPS COORDINATES _____

WEATHER CONDITIONS

MONTH SPOTTED

J	F	M	A	M	J	J	A	S	O	N	D

HEAD

SPECIES _____

SEX / AGE _____

BEHAVIOR _____

VOICE _____

BODY _____

LEGS / FEET _____

HABITAT _____

ADDITIONAL NOTES _____

_____

_____

_____

_____

_____

PHOTO / SKETCH

LOCATION

LOCATION NAME _____

GPS COORDINATES _____

WEATHER CONDITIONS

MONTH SPOTTED

J	F	M	A	M	J	J	A	S	O	N	D

HEAD

SPECIES _____

SEX / AGE _____

BEHAVIOR _____

VOICE _____

BODY _____

LEGS / FEET _____

HABITAT _____

ADDITIONAL NOTES _____

PHOTO / SKETCH

LOCATION

LOCATION NAME _____

GPS COORDINATES _____

WEATHER CONDITIONS

MONTH SPOTTED

J	F	M	A	M	J	J	A	S	O	N	D

HEAD

SPECIES _____

SEX / AGE _____

BEHAVIOR _____

VOICE _____

BODY _____

LEGS / FEET _____

HABITAT _____

ADDITIONAL NOTES

PHOTO / SKETCH

LOCATION

LOCATION NAME

GPS COORDINATES

WEATHER CONDITIONS

MONTH SPOTTED

	J	F	M	A	M	J	J	A	S	O	N	D

HEAD

SPECIES

SEX / AGE

BEHAVIOR

VOICE

BODY

LEGS / FEET

HABITAT

ADDITIONAL NOTES

PHOTO / SKETCH

LOCATION

LOCATION NAME

GPS COORDINATES

HEAD

SPECIES

SEX / AGE

BEHAVIOR

VOICE

BODY

LEGS / FEET

HABITAT

WEATHER CONDITIONS

ADDITIONAL NOTES

MONTH SPOTTED

J	F	M	A	M	J	J	A	S	O	N	D

PHOTO / SKETCH

LOCATION

LOCATION NAME _____

GPS COORDINATES _____

HEAD

SPECIES ----------------------------------

SEX / AGE ----------------------------------

BEHAVIOR ----------------------------------

VOICE ----------------------------------

BODY ----------------------------------

LEGS / FEET ----------------------------------

HABITAT ----------------------------------

WEATHER CONDITIONS

ADDITIONAL NOTES _____

MONTH SPOTTED

J	F	M	A	M	J	J	A	S	O	N	D

PHOTO / SKETCH

LOCATION

LOCATION NAME _____

GPS COORDINATES _____

WEATHER CONDITIONS

MONTH SPOTTED

J	F	M	A	M	J	J	A	S	O	N	D

HEAD

SPECIES _____

SEX / AGE _____

BEHAVIOR _____

VOICE _____

BODY _____

LEGS / FEET _____

HABITAT _____

ADDITIONAL NOTES _____

PHOTO / SKETCH

LOCATION

LOCATION NAME _____

GPS COORDINATES _____

WEATHER CONDITIONS

MONTH SPOTTED

J	F	M	A	M	J	J	A	S	O	N	D

HEAD

SPECIES _____

SEX / AGE _____

BEHAVIOR _____

VOICE _____

BODY _____

LEGS / FEET _____

HABITAT _____

ADDITIONAL NOTES _____

_____

_____

_____

_____

_____

PHOTO / SKETCH

LOCATION

LOCATION NAME _____

GPS COORDINATES _____

WEATHER CONDITIONS

MONTH SPOTTED

J	F	M	A	M	J	J	A	S	O	N	D

HEAD

SPECIES _____

SEX / AGE _____

BEHAVIOR _____

VOICE _____

BODY _____

LEGS / FEET _____

HABITAT _____

ADDITIONAL NOTES _____

PHOTO / SKETCH

LOCATION

LOCATION NAME ----------------------------------

GPS COORDINATES --------------------------------

HEAD

SPECIES ---

SEX / AGE ---

BEHAVIOR---

VOICE ---

BODY --

LEGS / FEET---------------------------------------

HABITAT ---

WEATHER CONDITIONS

ADDITIONAL NOTES ----------------------------

MONTH SPOTTED

J	F	M	A	M	J	J	A	S	O	N	D

PHOTO / SKETCH

LOCATION

LOCATION NAME ....

GPS COORDINATES ....

HEAD

SPECIES ....

SEX / AGE ....

BEHAVIOR ....

VOICE ....

BODY ....

LEGS / FEET ....

HABITAT ....

WEATHER CONDITIONS

ADDITIONAL NOTES

MONTH SPOTTED

J	F	M	A	M	J	J	A	S	O	N	D

PHOTO / SKETCH

LOCATION

LOCATION NAME _____

GPS COORDINATES _____

WEATHER CONDITIONS

MONTH SPOTTED

J	F	M	A	M	J	J	A	S	O	N	D

HEAD

SPECIES _____

SEX / AGE _____

BEHAVIOR _____

VOICE _____

BODY _____

LEGS / FEET _____

HABITAT _____

ADDITIONAL NOTES _____

_____

_____

_____

_____

_____

PHOTO / SKETCH

LOCATION

LOCATION NAME _____

GPS COORDINATES _____

WEATHER CONDITIONS

MONTH SPOTTED

J	F	M	A	M	J	J	A	S	O	N	D

HEAD

SPECIES _____

SEX / AGE _____

BEHAVIOR _____

VOICE _____

BODY _____

LEGS / FEET _____

HABITAT _____

ADDITIONAL NOTES _____

_____

_____

_____

_____

_____

PHOTO / SKETCH

LOCATION

LOCATION NAME

GPS COORDINATES

HEAD

SPECIES

SEX / AGE

BEHAVIOR

VOICE

BODY

LEGS / FEET

HABITAT

WEATHER CONDITIONS

ADDITIONAL NOTES

MONTH SPOTTED

J	F	M	A	M	J	J	A	S	O	N	D

PHOTO / SKETCH

LOCATION

LOCATION NAME _____

GPS COORDINATES _____

WEATHER CONDITIONS

MONTH SPOTTED

J	F	M	A	M	J	J	A	S	O	N	D

HEAD

SPECIES _____

SEX / AGE _____

BEHAVIOR _____

VOICE _____

BODY _____

LEGS / FEET _____

HABITAT _____

ADDITIONAL NOTES _____

PHOTO / SKETCH

LOCATION

LOCATION NAME _____

GPS COORDINATES _____

HEAD

SPECIES _____

SEX / AGE _____

BEHAVIOR _____

VOICE _____

BODY _____

LEGS / FEET _____

HABITAT _____

WEATHER CONDITIONS

MONTH SPOTTED

J	F	M	A	M	J	J	A	S	O	N	D

ADDITIONAL NOTES _____

_____

_____

_____

_____

_____

PHOTO / SKETCH

LOCATION

LOCATION NAME

GPS COORDINATES

WEATHER CONDITIONS

MONTH SPOTTED

J	F	M	A	M	J	J	A	S	O	N	D

HEAD

SPECIES

SEX / AGE

BEHAVIOR

VOICE

BODY

LEGS / FEET

HABITAT

ADDITIONAL NOTES

PHOTO / SKETCH

LOCATION

LOCATION NAME _____

GPS COORDINATES _____

HEAD

SPECIES _____

SEX / AGE _____

BEHAVIOR _____

VOICE _____

BODY _____

LEGS / FEET _____

HABITAT _____

WEATHER CONDITIONS

ADDITIONAL NOTES _____

_____

_____

_____

_____

_____

MONTH SPOTTED

J	F	M	A	M	J	J	A	S	O	N	D

PHOTO / SKETCH

LOCATION

LOCATION NAME _____

GPS COORDINATES _____

HEAD

SPECIES _____

SEX / AGE _____

BEHAVIOR _____

VOICE _____

BODY _____

LEGS / FEET _____

HABITAT _____

WEATHER CONDITIONS

ADDITIONAL NOTES _____

_____

_____

_____

_____

_____

MONTH SPOTTED

J	F	M	A	M	J	J	A	S	O	N	D

PHOTO / SKETCH

LOCATION

LOCATION NAME _____

GPS COORDINATES _____

WEATHER CONDITIONS

🌡 ——   ☀ 🌤 🌧 ⛈ ❄

🚩 ——   ▢ ▢ ▢ ▢ ▢

MONTH SPOTTED

J	F	M	A	M	J	J	A	S	O	N	D

HEAD

SPECIES _____

SEX / AGE _____

BEHAVIOR _____

VOICE _____

BODY _____

LEGS / FEET _____

HABITAT _____

ADDITIONAL NOTES _____

_____

_____

_____

_____

_____

PHOTO / SKETCH

LOCATION

LOCATION NAME

GPS COORDINATES

WEATHER CONDITIONS

		☀	⛅	☁	⛈	❄
🌡	—	☐	☐	☐	☐	☐

MONTH SPOTTED

J	F	M	A	M	J	J	A	S	O	N	D

HEAD

SPECIES

SEX / AGE

BEHAVIOR

VOICE

BODY

LEGS / FEET

HABITAT

ADDITIONAL NOTES

PHOTO / SKETCH

LOCATION

LOCATION NAME _____

GPS COORDINATES _____

WEATHER CONDITIONS

🌡 — ☀ ⛅ 🌧 ⛈ ❄

🚩 — ☐ ☐ ☐ ☐ ☐

MONTH SPOTTED

J	F	M	A	M	J	J	A	S	O	N	D

HEAD

SPECIES _____

SEX / AGE _____

BEHAVIOR _____

VOICE _____

BODY _____

LEGS / FEET _____

HABITAT _____

ADDITIONAL NOTES _____

_____

_____

_____

_____

_____

PHOTO / SKETCH

LOCATION

LOCATION NAME _____

GPS COORDINATES _____

WEATHER CONDITIONS

MONTH SPOTTED

J	F	M	A	M	J	J	A	S	O	N	D

HEAD

SPECIES _____

SEX / AGE _____

BEHAVIOR _____

VOICE _____

BODY _____

LEGS / FEET _____

HABITAT _____

ADDITIONAL NOTES _____

PHOTO / SKETCH

LOCATION

LOCATION NAME

GPS COORDINATES

HEAD

SPECIES

SEX / AGE

BEHAVIOR

VOICE

BODY

LEGS / FEET

HABITAT

WEATHER CONDITIONS

ADDITIONAL NOTES

MONTH SPOTTED

J	F	M	A	M	J	J	A	S	O	N	D

PHOTO / SKETCH

LOCATION

HEAD

SPECIES _____

SEX / AGE _____

BEHAVIOR _____

VOICE _____

LOCATION NAME _____

BODY _____

GPS COORDINATES _____

LEGS / FEET _____

HABITAT _____

WEATHER CONDITIONS

ADDITIONAL NOTES _____

_____

_____

_____

MONTH SPOTTED

J	F	M	A	M	J	J	A	S	O	N	D

PHOTO / SKETCH

LOCATION

LOCATION NAME _____

GPS COORDINATES _____

HEAD

SPECIES _____

SEX / AGE _____

BEHAVIOR _____

VOICE _____

BODY _____

LEGS / FEET _____

HABITAT _____

WEATHER CONDITIONS

ADDITIONAL NOTES _____

_____

_____

_____

_____

_____

MONTH SPOTTED

J	F	M	A	M	J	J	A	S	O	N	D

PHOTO / SKETCH

LOCATION

LOCATION NAME _____

GPS COORDINATES _____

WEATHER CONDITIONS

MONTH SPOTTED

J	F	M	A	M	J	J	A	S	O	N	D

HEAD

SPECIES _____

SEX / AGE _____

BEHAVIOR _____

VOICE _____

BODY _____

LEGS / FEET _____

HABITAT _____

ADDITIONAL NOTES _____

_____

_____

_____

_____

_____

PHOTO / SKETCH

LOCATION

LOCATION NAME _____

GPS COORDINATES _____

WEATHER CONDITIONS

🌡 ___   ☀️ ⛅ 🌧 ⛈ ❄️

🚩 ___   ☐ ☐ ☐ ☐ ☐

MONTH SPOTTED

J	F	M	A	M	J	J	A	S	O	N	D

HEAD

SPECIES _____

SEX / AGE _____

BEHAVIOR _____

VOICE _____

BODY _____

LEGS / FEET _____

HABITAT _____

ADDITIONAL NOTES _____

_____

_____

_____

_____

_____

PHOTO / SKETCH

LOCATION

LOCATION NAME

GPS COORDINATES

WEATHER CONDITIONS

MONTH SPOTTED

	J	F	M	A	M	J	J	A	S	O	N	D

HEAD

SPECIES

SEX / AGE

BEHAVIOR

VOICE

BODY

LEGS / FEET

HABITAT

ADDITIONAL NOTES

PHOTO / SKETCH

LOCATION

LOCATION NAME

GPS COORDINATES

WEATHER CONDITIONS

MONTH SPOTTED

	J	F	M	A	M	J	J	A	S	O	N	D

HEAD

SPECIES

SEX / AGE

BEHAVIOR

VOICE

BODY

LEGS / FEET

HABITAT

ADDITIONAL NOTES

PHOTO / SKETCH

LOCATION

LOCATION NAME

GPS COORDINATES

WEATHER CONDITIONS

MONTH SPOTTED

	J	F	M	A	M	J	J	A	S	O	N	D

HEAD

SPECIES

SEX / AGE

BEHAVIOR

VOICE

BODY

LEGS / FEET

HABITAT

ADDITIONAL NOTES

PHOTO / SKETCH

LOCATION

LOCATION NAME _____

GPS COORDINATES _____

HEAD

SPECIES _____

SEX / AGE _____

BEHAVIOR _____

VOICE _____

BODY _____

LEGS / FEET _____

HABITAT _____

WEATHER CONDITIONS

ADDITIONAL NOTES _____

_____

_____

_____

_____

_____

MONTH SPOTTED

	J	F	M	A	M	J	J	A	S	O	N	D

PHOTO / SKETCH

LOCATION

LOCATION NAME

GPS COORDINATES

WEATHER CONDITIONS

MONTH SPOTTED

J	F	M	A	M	J	J	A	S	O	N	D

HEAD

SPECIES

SEX / AGE

BEHAVIOR

VOICE

BODY

LEGS / FEET

HABITAT

ADDITIONAL NOTES

PHOTO / SKETCH

LOCATION

LOCATION NAME

GPS COORDINATES

WEATHER CONDITIONS

MONTH SPOTTED

	J	F	M	A	M	J	J	A	S	O	N	D

HEAD

SPECIES

SEX / AGE

BEHAVIOR

VOICE

BODY

LEGS / FEET

HABITAT

ADDITIONAL NOTES

PHOTO / SKETCH

LOCATION

LOCATION NAME _____

GPS COORDINATES _____

WEATHER CONDITIONS

MONTH SPOTTED

J	F	M	A	M	J	J	A	S	O	N	D

HEAD

SPECIES _____

SEX / AGE _____

BEHAVIOR _____

VOICE _____

BODY _____

LEGS / FEET _____

HABITAT _____

ADDITIONAL NOTES _____

_____

_____

_____

_____

_____

PHOTO / SKETCH

LOCATION

LOCATION NAME

GPS COORDINATES

WEATHER CONDITIONS

MONTH SPOTTED

J	F	M	A	M	J	J	A	S	O	N	D

HEAD

SPECIES

SEX / AGE

BEHAVIOR

VOICE

BODY

LEGS / FEET

HABITAT

ADDITIONAL NOTES

PHOTO / SKETCH

LOCATION

LOCATION NAME _____

GPS COORDINATES _____

WEATHER CONDITIONS

MONTH SPOTTED

J	F	M	A	M	J	J	A	S	O	N	D

HEAD

SPECIES _____

SEX / AGE _____

BEHAVIOR _____

VOICE _____

BODY _____

LEGS / FEET _____

HABITAT _____

ADDITIONAL NOTES _____

_____

_____

_____

_____

_____

PHOTO / SKETCH

LOCATION

LOCATION NAME _____

GPS COORDINATES _____

WEATHER CONDITIONS

MONTH SPOTTED

J	F	M	A	M	J	J	A	S	O	N	D

HEAD

SPECIES _____

SEX / AGE _____

BEHAVIOR _____

VOICE _____

BODY _____

LEGS / FEET _____

HABITAT _____

ADDITIONAL NOTES _____

_____

_____

_____

_____

_____

PHOTO / SKETCH

LOCATION

LOCATION NAME ....

GPS COORDINATES ....

WEATHER CONDITIONS

MONTH SPOTTED

J	F	M	A	M	J	J	A	S	O	N	D

HEAD

SPECIES ....

SEX / AGE ....

BEHAVIOR ....

VOICE ....

BODY ....

LEGS / FEET ....

HABITAT ....

ADDITIONAL NOTES ....

....

....

....

....

....

PHOTO / SKETCH

LOCATION

LOCATION NAME _____

GPS COORDINATES _____

HEAD

SPECIES _____

SEX / AGE _____

BEHAVIOR _____

VOICE _____

BODY _____

LEGS / FEET _____

HABITAT _____

WEATHER CONDITIONS

ADDITIONAL NOTES

_____

_____

_____

_____

_____

MONTH SPOTTED

J	F	M	A	M	J	J	A	S	O	N	D

PHOTO / SKETCH

LOCATION

LOCATION NAME _____

GPS COORDINATES _____

WEATHER CONDITIONS

MONTH SPOTTED

J	F	M	A	M	J	J	A	S	O	N	D

HEAD

SPECIES _____

SEX / AGE _____

BEHAVIOR _____

VOICE _____

BODY _____

LEGS / FEET _____

HABITAT _____

ADDITIONAL NOTES _____

_____

_____

_____

_____

_____

PHOTO / SKETCH

LOCATION

LOCATION NAME _____

GPS COORDINATES _____

HEAD

SPECIES _____

SEX / AGE _____

BEHAVIOR _____

VOICE _____

BODY _____

LEGS / FEET _____

HABITAT _____

WEATHER CONDITIONS

ADDITIONAL NOTES _____

_____

_____

_____

_____

_____

MONTH SPOTTED

J	F	M	A	M	J	J	A	S	O	N	D

PHOTO / SKETCH

LOCATION

LOCATION NAME

GPS COORDINATES

WEATHER CONDITIONS

MONTH SPOTTED

	J	F	M	A	M	J	J	A	S	O	N	D

HEAD

SPECIES

SEX / AGE

BEHAVIOR

VOICE

BODY

LEGS / FEET

HABITAT

ADDITIONAL NOTES

PHOTO / SKETCH

LOCATION

LOCATION NAME _____

GPS COORDINATES _____

WEATHER CONDITIONS

MONTH SPOTTED

J	F	M	A	M	J	J	A	S	O	N	D

HEAD

SPECIES _____

SEX / AGE _____

BEHAVIOR _____

VOICE _____

BODY _____

LEGS / FEET _____

HABITAT _____

ADDITIONAL NOTES _____

PHOTO / SKETCH

LOCATION

LOCATION NAME _____

GPS COORDINATES _____

WEATHER CONDITIONS

MONTH SPOTTED

J	F	M	A	M	J	J	A	S	O	N	D

HEAD

SPECIES _____

SEX / AGE _____

BEHAVIOR _____

VOICE _____

BODY _____

LEGS / FEET _____

HABITAT _____

ADDITIONAL NOTES _____

_____

_____

_____

_____

_____

PHOTO / SKETCH

LOCATION

LOCATION NAME _____

GPS COORDINATES _____

WEATHER CONDITIONS

MONTH SPOTTED

J	F	M	A	M	J	J	A	S	O	N	D

HEAD

SPECIES _____

SEX / AGE _____

BEHAVIOR _____

VOICE _____

BODY _____

LEGS / FEET _____

HABITAT _____

ADDITIONAL NOTES _____

_____

_____

_____

_____

_____

PHOTO / SKETCH

LOCATION

LOCATION NAME _____

GPS COORDINATES _____

HEAD

SPECIES _____

SEX / AGE _____

BEHAVIOR _____

VOICE _____

BODY _____

LEGS / FEET _____

HABITAT _____

WEATHER CONDITIONS

ADDITIONAL NOTES

_____

_____

_____

_____

_____

_____

MONTH SPOTTED

J	F	M	A	M	J	J	A	S	O	N	D

PHOTO / SKETCH

LOCATION

LOCATION NAME

GPS COORDINATES

WEATHER CONDITIONS

MONTH SPOTTED

J	F	M	A	M	J	J	A	S	O	N	D

HEAD

SPECIES

SEX / AGE

BEHAVIOR

VOICE

BODY

LEGS / FEET

HABITAT

ADDITIONAL NOTES

PHOTO / SKETCH

LOCATION

LOCATION NAME

GPS COORDINATES

WEATHER CONDITIONS

MONTH SPOTTED

	J	F	M	A	M	J	J	A	S	O	N	D

HEAD

SPECIES

SEX / AGE

BEHAVIOR

VOICE

BODY

LEGS / FEET

HABITAT

ADDITIONAL NOTES

PHOTO / SKETCH

LOCATION

LOCATION NAME _____

GPS COORDINATES _____

WEATHER CONDITIONS

MONTH SPOTTED

J	F	M	A	M	J	J	A	S	O	N	D

HEAD

SPECIES _____

SEX / AGE _____

BEHAVIOR _____

VOICE _____

BODY _____

LEGS / FEET _____

HABITAT _____

ADDITIONAL NOTES _____

_____

_____

_____

_____

_____

PHOTO / SKETCH

LOCATION

LOCATION NAME _____

GPS COORDINATES _____

WEATHER CONDITIONS

MONTH SPOTTED

	J	F	M	A	M	J	J	A	S	O	N	D

HEAD

SPECIES _____

SEX / AGE _____

BEHAVIOR _____

VOICE _____

BODY _____

LEGS / FEET _____

HABITAT _____

ADDITIONAL NOTES _____

_____

_____

_____

_____

_____

PHOTO / SKETCH

LOCATION

LOCATION NAME

GPS COORDINATES

WEATHER CONDITIONS

MONTH SPOTTED

J	F	M	A	M	J	J	A	S	O	N	D

HEAD

SPECIES

SEX / AGE

BEHAVIOR

VOICE

BODY

LEGS / FEET

HABITAT

ADDITIONAL NOTES

PHOTO / SKETCH

LOCATION

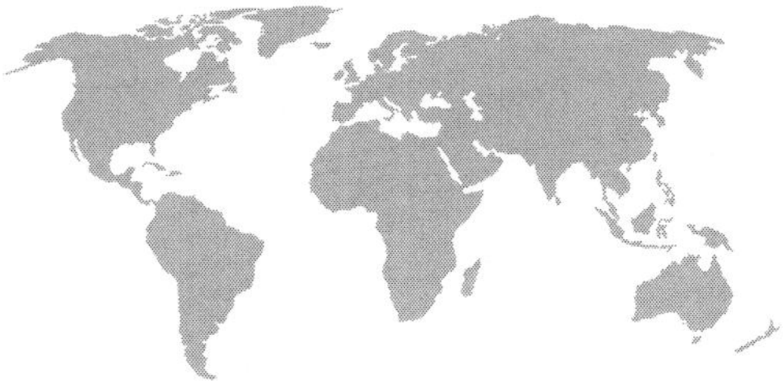

LOCATION NAME

GPS COORDINATES

WEATHER CONDITIONS

MONTH SPOTTED

	J	F	M	A	M	J	J	A	S	O	N	D

HEAD

SPECIES

SEX / AGE

BEHAVIOR

VOICE

BODY

LEGS / FEET

HABITAT

ADDITIONAL NOTES

PHOTO / SKETCH

LOCATION

LOCATION NAME _____

GPS COORDINATES _____

WEATHER CONDITIONS

MONTH SPOTTED

J	F	M	A	M	J	J	A	S	O	N	D

HEAD

SPECIES _____

SEX / AGE _____

BEHAVIOR _____

VOICE _____

BODY _____

LEGS / FEET _____

HABITAT _____

ADDITIONAL NOTES _____

_____

_____

_____

_____

_____

PHOTO / SKETCH

LOCATION

LOCATION NAME

GPS COORDINATES

WEATHER CONDITIONS

MONTH SPOTTED

	J	F	M	A	M	J	J	A	S	O	N	D

HEAD

SPECIES

SEX / AGE

BEHAVIOR

VOICE

BODY

LEGS / FEET

HABITAT

ADDITIONAL NOTES

LOCATION

HEAD

SPECIES _____

SEX / AGE _____

BEHAVIOR_____

VOICE _____

LOCATION NAME_____ BODY _____

GPS COORDINATES_____ LEGS / FEET_____

HABITAT _____

WEATHER CONDITIONS

ADDITIONAL NOTES

_____

_____

_____

MONTH SPOTTED

J	F	M	A	M	J	J	A	S	O	N	D

_____

_____

PHOTO / SKETCH

LOCATION

LOCATION NAME

GPS COORDINATES

WEATHER CONDITIONS

MONTH SPOTTED

J	F	M	A	M	J	J	A	S	O	N	D

HEAD

SPECIES

SEX / AGE

BEHAVIOR

VOICE

BODY

LEGS / FEET

HABITAT

ADDITIONAL NOTES

PHOTO / SKETCH

LOCATION

LOCATION NAME

GPS COORDINATES

WEATHER CONDITIONS

MONTH SPOTTED

J	F	M	A	M	J	J	A	S	O	N	D

HEAD

SPECIES

SEX / AGE

BEHAVIOR

VOICE

BODY

LEGS / FEET

HABITAT

ADDITIONAL NOTES

PHOTO / SKETCH

LOCATION

LOCATION NAME _____

GPS COORDINATES _____

HEAD

SPECIES _____

SEX / AGE _____

BEHAVIOR _____

VOICE _____

BODY _____

LEGS / FEET _____

HABITAT _____

WEATHER CONDITIONS

ADDITIONAL NOTES

_____

_____

_____

_____

_____

_____

MONTH SPOTTED

J	F	M	A	M	J	J	A	S	O	N	D

PHOTO / SKETCH

LOCATION

LOCATION NAME _____

GPS COORDINATES _____

WEATHER CONDITIONS

MONTH SPOTTED

J	F	M	A	M	J	J	A	S	O	N	D

HEAD

SPECIES _____

SEX / AGE _____

BEHAVIOR _____

VOICE _____

BODY _____

LEGS / FEET _____

HABITAT _____

ADDITIONAL NOTES _____

_____

_____

_____

_____

_____

PHOTO / SKETCH

LOCATION

LOCATION NAME

GPS COORDINATES

WEATHER CONDITIONS

MONTH SPOTTED

J	F	M	A	M	J	J	A	S	O	N	D

HEAD

SPECIES

SEX / AGE

BEHAVIOR

VOICE

BODY

LEGS / FEET

HABITAT

ADDITIONAL NOTES

PHOTO / SKETCH

LOCATION

LOCATION NAME _____

GPS COORDINATES _____

HEAD

SPECIES _____

SEX / AGE _____

BEHAVIOR _____

VOICE _____

BODY _____

LEGS / FEET _____

HABITAT _____

WEATHER CONDITIONS

ADDITIONAL NOTES _____

_____

_____

_____

_____

_____

MONTH SPOTTED

J	F	M	A	M	J	J	A	S	O	N	D

PHOTO / SKETCH

LOCATION

LOCATION NAME _____

GPS COORDINATES _____

WEATHER CONDITIONS

MONTH SPOTTED

	J	F	M	A	M	J	J	A	S	O	N	D

HEAD

SPECIES _____

SEX / AGE _____

BEHAVIOR _____

VOICE _____

BODY _____

LEGS / FEET _____

HABITAT _____

ADDITIONAL NOTES _____

_____

_____

_____

_____

_____

PHOTO / SKETCH

LOCATION

LOCATION NAME _____

GPS COORDINATES _____

WEATHER CONDITIONS

MONTH SPOTTED

J	F	M	A	M	J	J	A	S	O	N	D

HEAD

SPECIES _____

SEX / AGE _____

BEHAVIOR _____

VOICE _____

BODY _____

LEGS / FEET _____

HABITAT _____

ADDITIONAL NOTES _____

_____

_____

_____

_____

_____

PHOTO / SKETCH

LOCATION

LOCATION NAME _____

GPS COORDINATES _____

WEATHER CONDITIONS

MONTH SPOTTED

J	F	M	A	M	J	J	A	S	O	N	D

HEAD

SPECIES _____

SEX / AGE _____

BEHAVIOR _____

VOICE _____

BODY _____

LEGS / FEET _____

HABITAT _____

ADDITIONAL NOTES _____
_____
_____
_____
_____
_____

PHOTO / SKETCH

LOCATION

LOCATION NAME

GPS COORDINATES

HEAD

SPECIES

SEX / AGE

BEHAVIOR

VOICE

BODY

LEGS / FEET

HABITAT

WEATHER CONDITIONS

ADDITIONAL NOTES

MONTH SPOTTED

J	F	M	A	M	J	J	A	S	O	N	D

PHOTO / SKETCH

LOCATION

LOCATION NAME

GPS COORDINATES

WEATHER CONDITIONS

MONTH SPOTTED

	J	F	M	A	M	J	J	A	S	O	N	D

HEAD

SPECIES

SEX / AGE

BEHAVIOR

VOICE

BODY

LEGS / FEET

HABITAT

ADDITIONAL NOTES

PHOTO / SKETCH

LOCATION

LOCATION NAME ....

GPS COORDINATES ....

HEAD

SPECIES ....

SEX / AGE ....

BEHAVIOR ....

VOICE ....

BODY ....

LEGS / FEET ....

HABITAT ....

WEATHER CONDITIONS

ADDITIONAL NOTES ....

....

....

....

....

....

MONTH SPOTTED

J	F	M	A	M	J	J	A	S	O	N	D

PHOTO / SKETCH

LOCATION

LOCATION NAME _____

GPS COORDINATES _____

WEATHER CONDITIONS

MONTH SPOTTED

J	F	M	A	M	J	J	A	S	O	N	D

HEAD

SPECIES _____

SEX / AGE _____

BEHAVIOR _____

VOICE _____

BODY _____

LEGS / FEET _____

HABITAT _____

ADDITIONAL NOTES

PHOTO / SKETCH

LOCATION

LOCATION NAME _____

GPS COORDINATES _____

HEAD

SPECIES _____

SEX / AGE _____

BEHAVIOR _____

VOICE _____

BODY _____

LEGS / FEET _____

HABITAT _____

WEATHER CONDITIONS

ADDITIONAL NOTES _____

_____

_____

_____

_____

_____

MONTH SPOTTED

J	F	M	A	M	J	J	A	S	O	N	D

PHOTO / SKETCH

LOCATION

LOCATION NAME _____

GPS COORDINATES _____

WEATHER CONDITIONS

MONTH SPOTTED

J	F	M	A	M	J	J	A	S	O	N	D

HEAD

SPECIES _____

SEX / AGE _____

BEHAVIOR _____

VOICE _____

BODY _____

LEGS / FEET _____

HABITAT _____

ADDITIONAL NOTES _____

_____

_____

_____

_____

_____

PHOTO / SKETCH

LOCATION

LOCATION NAME _____

GPS COORDINATES _____

WEATHER CONDITIONS

MONTH SPOTTED

J	F	M	A	M	J	J	A	S	O	N	D

HEAD

SPECIES _____

SEX / AGE _____

BEHAVIOR _____

VOICE _____

BODY _____

LEGS / FEET _____

HABITAT _____

ADDITIONAL NOTES _____

_____

_____

_____

_____

_____

PHOTO / SKETCH

LOCATION

LOCATION NAME

GPS COORDINATES

WEATHER CONDITIONS

MONTH SPOTTED

	J	F	M	A	M	J	J	A	S	O	N	D

HEAD

SPECIES

SEX / AGE

BEHAVIOR

VOICE

BODY

LEGS / FEET

HABITAT

ADDITIONAL NOTES

PHOTO / SKETCH

LOCATION

LOCATION NAME _____

GPS COORDINATES _____

WEATHER CONDITIONS

MONTH SPOTTED

J	F	M	A	M	J	J	A	S	O	N	D

HEAD

SPECIES _____

SEX / AGE _____

BEHAVIOR _____

VOICE _____

BODY _____

LEGS / FEET _____

HABITAT _____

ADDITIONAL NOTES _____

PHOTO / SKETCH

LOCATION

LOCATION NAME _____

GPS COORDINATES _____

HEAD

SPECIES _____

SEX / AGE _____

BEHAVIOR _____

VOICE _____

BODY _____

LEGS / FEET _____

HABITAT _____

WEATHER CONDITIONS

ADDITIONAL NOTES

MONTH SPOTTED

	J	F	M	A	M	J	J	A	S	O	N	D

PHOTO / SKETCH

LOCATION

LOCATION NAME _____

GPS COORDINATES _____

WEATHER CONDITIONS

MONTH SPOTTED

J	F	M	A	M	J	J	A	S	O	N	D

HEAD

SPECIES _____

SEX / AGE _____

BEHAVIOR _____

VOICE _____

BODY _____

LEGS / FEET _____

HABITAT _____

ADDITIONAL NOTES _____

_____

_____

_____

_____

_____

PHOTO / SKETCH

LOCATION

LOCATION NAME

GPS COORDINATES

WEATHER CONDITIONS

MONTH SPOTTED

	J	F	M	A	M	J	J	A	S	O	N	D

HEAD

SPECIES

SEX / AGE

BEHAVIOR

VOICE

BODY

LEGS / FEET

HABITAT

ADDITIONAL NOTES

PHOTO / SKETCH

LOCATION

LOCATION NAME _____

GPS COORDINATES _____

HEAD

SPECIES _____

SEX / AGE _____

BEHAVIOR _____

VOICE _____

BODY _____

LEGS / FEET _____

HABITAT _____

WEATHER CONDITIONS

ADDITIONAL NOTES _____

_____

_____

_____

_____

_____

MONTH SPOTTED

J	F	M	A	M	J	J	A	S	O	N	D

PHOTO / SKETCH

LOCATION

LOCATION NAME

GPS COORDINATES

WEATHER CONDITIONS

MONTH SPOTTED

	J	F	M	A	M	J	J	A	S	O	N	D

HEAD

SPECIES

SEX / AGE

BEHAVIOR

VOICE

BODY

LEGS / FEET

HABITAT

ADDITIONAL NOTES

PHOTO / SKETCH

LOCATION

LOCATION NAME

GPS COORDINATES

WEATHER CONDITIONS

MONTH SPOTTED

J	F	M	A	M	J	J	A	S	O	N	D

HEAD

SPECIES

SEX / AGE

BEHAVIOR

VOICE

BODY

LEGS / FEET

HABITAT

ADDITIONAL NOTES

PHOTO / SKETCH

LOCATION

LOCATION NAME _____

GPS COORDINATES _____

WEATHER CONDITIONS

MONTH SPOTTED

	J	F	M	A	M	J	J	A	S	O	N	D

HEAD

SPECIES _____

SEX / AGE _____

BEHAVIOR _____

VOICE _____

BODY _____

LEGS / FEET _____

HABITAT _____

ADDITIONAL NOTES
_____
_____
_____
_____
_____
_____

PHOTO / SKETCH

LOCATION

LOCATION NAME

GPS COORDINATES

WEATHER CONDITIONS

MONTH SPOTTED

	J	F	M	A	M	J	J	A	S	O	N	D

HEAD

SPECIES

SEX / AGE

BEHAVIOR

VOICE

BODY

LEGS / FEET

HABITAT

ADDITIONAL NOTES

PHOTO / SKETCH

LOCATION

LOCATION NAME _____

GPS COORDINATES _____

WEATHER CONDITIONS

MONTH SPOTTED

	J	F	M	A	M	J	J	A	S	O	N	D

HEAD

SPECIES _____

SEX / AGE _____

BEHAVIOR _____

VOICE _____

BODY _____

LEGS / FEET _____

HABITAT _____

ADDITIONAL NOTES _____

PHOTO / SKETCH

LOCATION

LOCATION NAME

GPS COORDINATES

WEATHER CONDITIONS

MONTH SPOTTED

J	F	M	A	M	J	J	A	S	O	N	D

HEAD

SPECIES

SEX / AGE

BEHAVIOR

VOICE

BODY

LEGS / FEET

HABITAT

ADDITIONAL NOTES

PHOTO / SKETCH

LOCATION

LOCATION NAME _____

GPS COORDINATES _____

HEAD

SPECIES _____

SEX / AGE _____

BEHAVIOR _____

VOICE _____

BODY _____

LEGS / FEET _____

HABITAT _____

WEATHER CONDITIONS

ADDITIONAL NOTES

_____

_____

_____

_____

_____

MONTH SPOTTED

J	F	M	A	M	J	J	A	S	O	N	D

PHOTO / SKETCH

LOCATION

LOCATION NAME _____

GPS COORDINATES _____

HEAD

SPECIES _____

SEX / AGE _____

BEHAVIOR _____

VOICE _____

BODY _____

LEGS / FEET _____

HABITAT _____

WEATHER CONDITIONS

MONTH SPOTTED

J	F	M	A	M	J	J	A	S	O	N	D

ADDITIONAL NOTES _____

_____

_____

_____

_____

_____

PHOTO / SKETCH

LOCATION

LOCATION NAME _____

GPS COORDINATES _____

HEAD

SPECIES _____

SEX / AGE _____

BEHAVIOR _____

VOICE _____

BODY _____

LEGS / FEET _____

HABITAT _____

WEATHER CONDITIONS

ADDITIONAL NOTES _____

_____

_____

_____

_____

_____

MONTH SPOTTED

	J	F	M	A	M	J	J	A	S	O	N	D

PHOTO / SKETCH

LOCATION

LOCATION NAME

GPS COORDINATES

HEAD

SPECIES

SEX / AGE

BEHAVIOR

VOICE

BODY

LEGS / FEET

HABITAT

WEATHER CONDITIONS

ADDITIONAL NOTES

MONTH SPOTTED

J	F	M	A	M	J	J	A	S	O	N	D

PHOTO / SKETCH

LOCATION

LOCATION NAME _____

GPS COORDINATES _____

WEATHER CONDITIONS

MONTH SPOTTED

	J	F	M	A	M	J	J	A	S	O	N	D

HEAD

SPECIES _____

SEX / AGE _____

BEHAVIOR _____

VOICE _____

BODY _____

LEGS / FEET _____

HABITAT _____

ADDITIONAL NOTES _____

_____

_____

_____

_____

_____

PHOTO / SKETCH

LOCATION

LOCATION NAME _____

GPS COORDINATES _____

HEAD

SPECIES _____

SEX / AGE _____

BEHAVIOR _____

VOICE _____

BODY _____

LEGS / FEET _____

HABITAT _____

WEATHER CONDITIONS

ADDITIONAL NOTES _____

_____

_____

_____

_____

_____

MONTH SPOTTED

J	F	M	A	M	J	J	A	S	O	N	D

PHOTO / SKETCH

LOCATION

LOCATION NAME

GPS COORDINATES

WEATHER CONDITIONS

MONTH SPOTTED

J	F	M	A	M	J	J	A	S	O	N	D

HEAD

SPECIES

SEX / AGE

BEHAVIOR

VOICE

BODY

LEGS / FEET

HABITAT

ADDITIONAL NOTES

PHOTO / SKETCH

LOCATION

LOCATION NAME _____

GPS COORDINATES _____

HEAD

SPECIES _____

SEX / AGE _____

BEHAVIOR _____

VOICE _____

BODY _____

LEGS / FEET _____

HABITAT _____

WEATHER CONDITIONS

ADDITIONAL NOTES _____

_____

_____

_____

_____

_____

MONTH SPOTTED

J	F	M	A	M	J	J	A	S	O	N	D

PHOTO / SKETCH

LOCATION

LOCATION NAME

GPS COORDINATES

HEAD

SPECIES

SEX / AGE

BEHAVIOR

VOICE

BODY

LEGS / FEET

HABITAT

WEATHER CONDITIONS

ADDITIONAL NOTES

MONTH SPOTTED

J	F	M	A	M	J	J	A	S	O	N	D

Made in the USA
Middletown, DE
25 May 2022